AF176284

Peter Jürgen Stäb

Für Dich

Ein kleines Geschenk

Impressum

Titel: Für Dich

Auflage 2021

© by Peter Jürgen Stäb

Fotos by Pixabay.com

www.peter-sraeb.de

Herstellung und Verlag:
BoD – Books on Demand,
Norderstedt
ISBN: 9783755751311

Besinnliches für die Seele

Ich denke an Dich

Wann hab ich dich zuletzt gesehn?

Wie mag es dir zurzeit ergehn?

Was hast du all die Zeit gemacht?

Kam es so, wie du's erdacht?

Schön waren Gemeinsamkeiten

Denke oft an diese Zeiten

Werde immer zu dir stehen

Freue mich aufs Wiedersehen

Jahre

Haare werden grau und wenig
Zähne fallen massig aus
Gesicht wird faltig oder sehnig
Gefühl sagt dir, die Luft ist raus

Lange, schwere Lebensjahre
Kosten Kraft, fordern Tribut
Klagen zieht dich auf die Bahre
Nach vorne gehen erfordert Mut

Denke an die guten Zeiten
Warst zufrieden und agil
Das Leben hat so viele Seiten
Genieße glücklich bis ans Ziel

Lachen

Was haben wir früher gelacht
Unsinn, Mist, Blödsinn gemacht
Unbeschwert und ausgelassen
Wie Hansdampf in allen Gassen

Wo ist die Leichtigkeit geblieben?
Habe ich sie selbst vertrieben?
Oder der bittere Ernst des Lebens?
Antworten sucht man vergebens

Gönne deinem Nächsten Glück
Unbeschwertheit kehrt zurück
Erfreue dich an kleinen Sachen
Freudig wirst du wieder lachen

Was ist Zeit

Zeit ist individuell

Mal geht langfristig ganz schnell

Kurzfristig dauert schon mal lange

Keine Zeit haben macht bange

Stunden, Wochen, Zeiteinheiten

Planlos durch die Tage gleiten

Und dabei man stets vergisst

Dass Zeit unendlich endlich ist

Kleines Licht

Verzweifelt, traurig, hilflos

Hab und Gut verloren

Unfassbar sticht der Todesstoß

Natur fliegt um die Ohren

Bei Macht, Geld, Wohlstand man vergisst

Der Mensch ist nur ein kleines Licht

Wunder

Wer bestimmt, wo es hingeht?

Wer weiß, was geschrieben steht?

Wer hat Mut und geht nach voran?

Wer erkennt sein Schicksal an?

Der Mensch ein großes Wunder ist

Sieh zu, dass du das nie vergisst

Vertrau, nicht alles kann man sehn

Wunder stets um uns geschehn

Zufriedenheit

Das Leben leben
Glück abgeben
Die Liebe lieben
Hass wegschieben

Zeit genießen
Blumen gießen
Wege gehen
Nach vorne sehen

Heimat

Man wird dich meist zufrieden sehn
Mit Freunden einen trinken gehen
Verreisen bringt dir kurzes Glück
Sehnsüchtig kehrst du stets zurück

Wo die Vergangenheit dich prägt
Dein Herz vor Freude höher schlägt
Familie dich über alles liebt
Das alles dir die Heimat gibt

Kinder

Corona macht das Leben schwer
Entlastungen hin oder her
Bewusst hat man währenddessen
Kinder leider ganz vergessen

Draußen toben, spielen nicht
Zuhause lernen wird zur Pflicht
Weil Alte nur zur Urne gehen
Doch Kinder für die Zukunft stehen

Zeit

Zeit ist wie ein langer Fluss
Der nur in eine Richtung fließt
Fließt unendlich bis zum Schluss
Das ist etwas, was du nie siehst

Etappen unterschiedlich lang
Die jedem zur Verfügung stehen
Genieß die Zeit von Anfang an
Um friedevoll von Bord zu gehen

Die Welt ist bunt

Schwarz, weiß, gelb oder rot
Hautfarbe – Segen oder Not
Lieben wen und wie man will
Offen, frei, nicht heimlich still

Christen, Moslems, was auch immer
Antisemitismus macht's noch schlimmer
Toleranz und Akzeptanz sei Slogan
Die Welt ist bunt wie'n Regenbogen

Herbst

Bäume prächtig bunt erscheinen
Nebel Tag und Nacht vereinen
Kastanien basteln, Äpfel pflücken
Täglich auf kürz're Tage blicken

Bodenfrost, nasskalter Regen
Drachen steigen, mehr bewegen
Trauben lesen, Tee eingießen
So kann man den Herbst genießen

Computerliebe

Facebook, YouTube, Twitter
Surfen zuhaus' und unterwegs
Treffen online, das ist bitter
Gehen sich offline auf'n Keks

Keine zarte Nähe spüren
Verlieben geht jetzt digital
Nie den anderen berühren
Ich sage nur: Es war einmal

Engel

Stell dir mal einen Engel vor
Flügel, Harfe vorm Himmelstor
Sind alle Engel einheitlich?
Was machen Engel eigentlich?

Sie loben und preisen den Herrn
Überbringen dessen Botschaften gern
Jedes Wesen könnte dein Schutzengel sein
Drum sei stets freundlich, niemals gemein

Blaues Meer

Auf Fotos sieht man´s, lang ist es her
Es gab einmal ein blaues Meer
Das ist jetzt bunt, weil stark vermüllt
Sich täglich mehr mit Plastik füllt

Ozeane, Fische leiden darunter
Meist geht der Kunststoff nicht mal unter
Müll zu beseitigen ist wahrlich schwer
Blaues Meer, das gibt's nicht mehr

Nachtwolken

Der Himmel düster und grau
Ostwind bläst erfrischend rau
Arbeit erledigt, Kühe gemolken
Firmament versteckt sich hinter düsteren Wolken

Nachtwolken beginnen sich zu bewegen
Es tropft leise, gleich kommt der Regen
Plötzlich gießt es wie aus einem Fass
Es duftet gut, die Welt wird nass

Herrmann F.

Herrmann F. ist stark dement
Orientierungslos durch Flure rennt
Weiß nicht wo er grade ist
Hat jetzt in die Bux gepisst

Was Toilette ist, hat er vergessen
Kann nicht mehr alleine essen
Erkennt seine Kinder auch nicht mehr
Normales Leben ist lange her

Wirkt stets unruhig und getrieben
Wenn er hinfällt, bleibt er liegen
Sprache hat er längst verlernt
Sein Gehirn komplett entkernt

Nichts von früher ist geblieben
Hilflos sind auch seine Lieben
Medikamente helfen nicht mehr
Herrmann's Würde leidet sehr

Wie lange muss er noch ertragen?

Monate, Jahre? Kann keiner sagen

Auch die Familie leidet Not

Wünscht sich manchmal Herrmann's Tod

Das hätte Herrmann nicht gepasst, nein

Den Lieben wollt´ er keine Last sein

In seltenen wachen Momenten

Kann unter Tränen das Schicksal nicht wenden

Abenddämmerung

Ein schöner Tag neigt sich dem Ende
Die Arbeit ruht und meine Hände
Leg ich in den Schoß und schließe
Meine Augen. Ich atme und genieße
Die farbenfrohe Abenddämmerung bis spät
Der Mond erscheint, die Sonne geht

Raumstation

Auf der Erde wird's eng für Zivilisationen
Lösung wären Raumstationen
Dort könnten Menschen leben
Doch wem will man die Chance geben?

Nur eine Handvoll von Milliarden
Würden in das Weltall starten
Wer hat das Recht zu wählen?
Wirst du zu den Auserwählten zählen?

Reise in die Unendlichkeit

Welltraumtouristik ist real
Für reichlich Kohle kann man mal
Ins Universum reisen, lang und weit
Schrammt an der Unendlichkeit

Nach ein paar Tagen geht's retour
Flog um den Planeten rund um die Uhr
Die Reise zeigt dir, wer du bist
Und dass Unendlichkeit doch endlich ist

Blumenwiese

Bunt, riecht gut, so frisch wie diese
Sommerliche Blumenwiese
Es summt und brummt rund um die Blüten
Vögel auf den Eiern brüten

Ein schönes Bild, lädt zum Verweilen
Entspannt hört's auf mit dem Beeilen
Menschen und Natur brauchen Blumenwiesen
Pass auf sie auf und tu´s genießen

Schmetterling

Die bunte Blumenwiese duftete grün
Nach Veilchen, Klatschmohn und Jasmin
Schmetterlinge mit prächtigen Farben
Flatterten verträumt, erfreuten uns und starben

Rentner

In einem der reichsten Länder der Welt
Verfügen viele Rentner über zu wenig Geld
Arbeiteten viele Jahre hart und gut
Im Alter leben sie jetzt in Armut

Jahrzehnte der Staat von Steuern zehrt
Jetzt ist der Rentner nichts mehr wert
Für den Staat würde es sich lohnen
Rentner stirbt früh um die Kasse zu schonen

Opa

Opa war nur noch am lallen
Sind alle Zähne ausgefallen
Zahnersatz ist überteuert
Opa bist du denn bescheuert?

Vorwurfsvoll die Kinder rieten
Du bist zu alt zum Zähne kriegen
Hast nicht mehr viel Zeit zum Sterben
Denk doch mal an deine Erben

Opa lallte noch lange in diesem Falle
Überlebte die Verwandten alle
Ohne Zähne, den kleinen weißen
Vermochte er nicht ins Gras zu beißen

Novembergrau

Die Jahreszeit ist trist und trübe

Man fühlt sich schlapp und oftmals müde

Ach wäre es heiter, der Himmel blau

Doch deprimiert Novembergrau

Eltern

Sie prägen dein Leben
Viel Liebe dir geben
Behüten dich, bieten Schutz
Befreien dich von Last und Schmutz

Lehren, dich selbst zu achten
Menschen respektvoll betrachten
Stützen in allen Lebensfeldern
Bleiben immer deine Eltern

Rosen

Tausend rote Rosen in Gedanken
Schenk ich dir jeden Tag
Du brauchst nicht dafür zu danken
Tu ich gern, weil ich dich mag

Tanzen

Wo Musik ist, lass dich nieder
Spüre Rhythmus, höre Lieder
Geh tanzen, beweg dich im Takt
Bewegung deinen Körper packt

Schrittfolge hin, Popo wackeln her
Tanzen macht Spaß und ist nicht schwer
Machst du es richtig, rinnt der Schweiß
Da wird es jedem Zuschauer heiß

Gutes sagen

Menschen erleben Glück und Not
Irgendwann erscheint der Tod
Familie, Freunde zur Trauer beten
Nur Gutes über den toten reden

Das hat bei uns Tradition
Da frage ich mich manchmal schon
Nur nach dem Tod Gutes zu sagen
Könnte man auch zu lebendigen Tagen

Frühlingserwachen

Die Sonne kämpft täglich um mehr Zeit

Krokusse sprießen, Bienen machen sich breit

Genießt die Zeit, viel draußen machen

Ist immer schön, Frühlingserwachen

Jahreszeiten des Lebens

Kaum ist man geboren
Erfüllt mit Leben
Erlebt den Frühling
Fängt an zu streben

Genießt den Sommer
Zu faul was zu tun
Hektisiert im Herbst
Ohne auszuruh'n

Zittert durch den Winter
Blickt auf seine Kinder
Schon ist man alt, ein Greis
Restliche Haare erscheinen weiß

Man selbst ist es auch
Zeit verflog wie Rauch
Was war des Lebens Sinn?
Zu spät, jetzt ist's dahin

Proben

Wenige Leben in Saus und Braus
Unzählige verhungern täglich
Die meisten halten sich da raus
Auch meine Hilfen sind sehr kläglich

Wo ist hier die Gerechtigkeit?
Sind das Gottes Proben?
Wird abgerechnet in nächster Zeit
Hilft keine Ausrede hoch oben

Sachen

Sachen gibt's in unserm Leben
Besser, die würde es gar nicht geben
Oftmals sind das solche Sachen
Mitleidig kann man drüber lachen

Nur wenn man selbst betroffen ist
Sind Sachen allergrößter Mist
Egal was andere dann meinen
Es ist einfach nur zum weinen

Weltblick

Jedem liegt die Welt zu Füßen
Man muss nur genau hinsehn
Brauchst nicht hin und her zu düsen
Um die Wunder zu verstehn

Jedem steht die Welt weit offen
Ganz egal was man draus macht
Mal ängstlich bangen oder hoffen
Jeden Tag und jede Nacht

Jeder sieht die Welt ganz anders
Von seinem individuellen Ort
Es gibt keine festen Standarts
Doch Abenteuer fort und fort

Humorvolles
zum schmunzeln

Friedliche Waffen

Kriegstreiber auf der ganzen Welt
Zerstören alles, was grade gefällt
Drohen, machen uns zum Affen
Wir liefern denen auch noch Waffen

Scheinheilig westliche Doppelmoral
Für Geld ist plötzlich alles egal
Friedliche Waffen zieht alle Plomben
Schickt Granatäpfel und Erdbeereisbomben

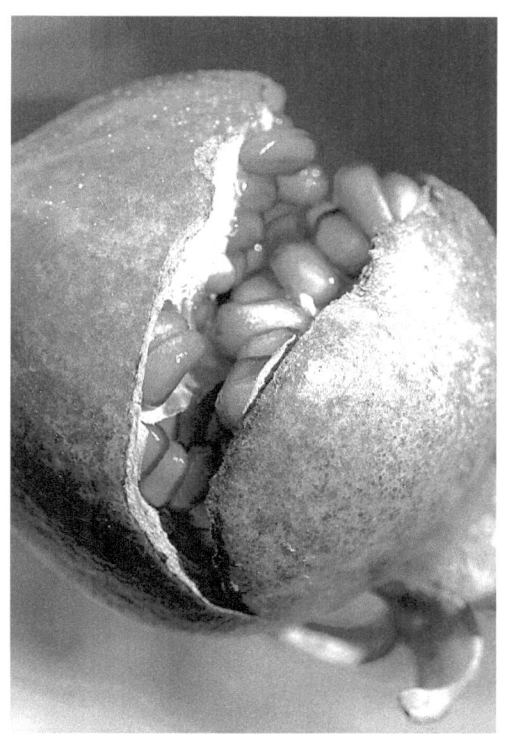

Adams Apfel

Als Eva einst Adam verführte

Er Apfel aß, statt nur berührte

Blieb ihm ein Stück im Halse stecken

Wollte ihm so recht nicht schmecken

Noch heute sieht man jedem Mann

Im Hals den Adamsapfel an

Beeinflusst leicht den Ton der Stimme

Hat nichts zu sagen, das ist das Schlimme

Urlaub zu Coronazeiten

Meeresrauschen betört meine Sinne

Erholung, Entspannung langsam beginne

Sonne bräunt mich in salzhaltiger Luft

Umgeben von Leben mit frischem Duft

Köstliches Schlemmen gibt's genug

Muss mich sputen zu meinem Flug

Zeit zerfließt wie meine Träne

Langweilig wird die Quarantäne

Nie mehr

Wird nie mehr wie es mal war

Das ist mir zwischenzeitlich klar

Virus ergreift weltweit die Macht

Gevatter Tod kassiert und lacht

Deutsche Sprache, schwere Sprache

Negativ ist positiv

Aus positiv wird explosiv

Läuft was mit unsrer

Sprache schief?

Aus der Natur

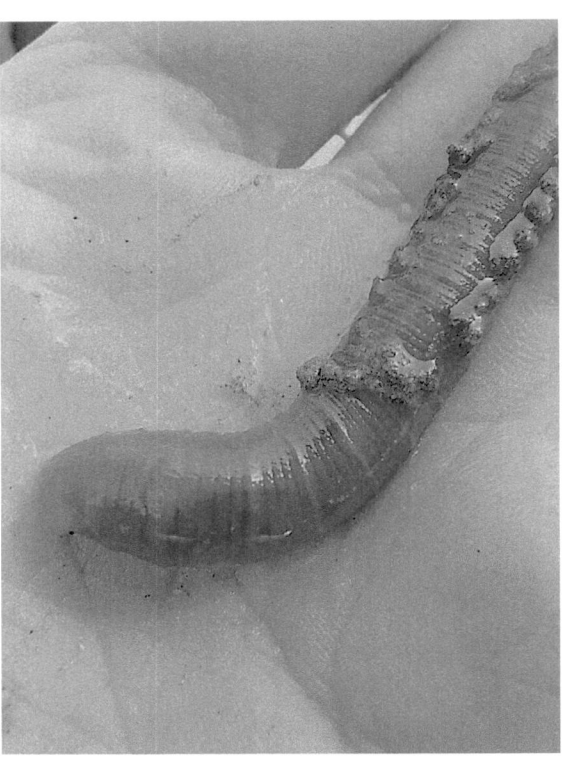

Der Wurm

Auf dem Schinderhannesturm

Lebte einst ein Regenwurm

Feudal in einer Pfütze

Sonne schien ihm auf die Mütze

Verdunstete sein Lebensraum

Wurm fühlte sich in schlechtem Traum

Doch wollte er nicht krangeln

Fritz nahm ihn mit zum angeln

Das Schwein

Es grunzt und frisst in sich hinein

Entwickelt mächtig Durst

Will ein frohes Glücksschwein sein

Und keine Currywurst

Spinnen

Spinnen bauen cool ohne Hetze

Architektonisch wertvolle Netze

Locken damit Insekten an

Damit man die verspeisen kann

Mystisch und geheimnisvoll

Menschen finden sie nicht toll

Ängstlich flüchten sie von hinnen

Spinnen denken nur: Die spinnen!

Löwenzahn

Eine Löwenzähnin, brav und zahm
Sah einen wilden Löwenzahn
Verliebte sich innig und heiß
Plötzlich war der Zahn ganz weiß

Flogen durch die Luft, die weißen Dinger
Sahen aus wie Fallschirmspringer
Der wilde Zahn, ein trauriger Bengel
Nichts blieb übrig, nur ein Stängel

Die Ameise

Heimlich, still und leise

Verschwindet die Ameise

Geht auf große Reise

Ihr Mann, gescheit und weiße

Der tanzt Freudenkreise

Wird schwindlig, fällt auf Steiße

Gebrochen, so `ne Scheiße!

Igel

Sechs- bis Achttausend Nadelspitzen

Auf des Igels Rücken sitzen

Ist der Winterschlaf vollbracht

Kommt der Frühling mit aller Macht

Versteckt er sich in Sträuchern und Hecken

Für Kleintiere, Schnecken wird er zum Schrecken

Bei Gefahr tarnt er sich als Kugelfisch

Die Nadel schmerzen fürchterlich

Wie der Fliegenpilz entstand

Einer Pilzfrau, weißer Stengel, schöner Hut
Ging es unter den Birken recht gut
Ihr fehlt ein starker Pilzerich
Einen schwachen will sie nicht

Da wuchs einer, schaute schnatz
Doch kam er nicht von seinem Platz
Pilzin wurde rot bei den Hecken
Hut zeigte hektisch weiße Flecken

Begann den Pilzerich zu lieben
Ach könnte der doch zu ihr fliegen
Er mühte sich, fiel, blieb liegen
Auf ihm tummeln sich jetzt Fliegen

Festliche Anlässe

Das Tannenbäumchen

Ein Tannenbäumchen im Gehege
Erfuhr in der Jugend gute Pflege
Hörte im Umfeld spannende Gerüchte
Über Schmuck, Kugeln, Lichter und Früchte

Fasziniert bewarb es sich schnell
Bei Germany`s next Tannenmodel
Hoffte auf ein Leben, prominent und reich
Mit Gold und Geschmeide ohne Vergleich

Als der erste kalte Schnee verweht
Wurde Tannenbäumchen aus dem Leben gesägt
Mit edlen Kugeln, Lametta und Kerzen bestückt
Hat es lieblos verwöhnte Kinder beglückt

Weihnachtsmarkt

Lass uns den Weihnachtsmarkt besuchen
Gibt Glühwein, Punsch und Honigkuchen
Nüsse, Mandeln, Zuckerwatte
Currywurst und Kaffee Latte

Weihnachtsschmuck stellt man aus
Und es kommt der Nikolaus
Es ertönen schöne Lieder
So wie alle Jahre wieder

Kinder möchten stets ganz schnell
Auf das Kinderkarussell
Alle haben dich ganz lieb
Besonders auch der Taschendieb

Nikolaus

Wer weihnachtliche Stimmung mag
Liebt Nikolausgeschenketag
Stellt jedes Jahr die Schuhe raus
Erwartet freudig Santa Claus

Manch Kind sich nicht mehr freuen kann
Glaubt nicht an den Weihnachtsmann
Doch Geschenke nimmt es schon
Nikolaus heißt jetzt Amazon

Weihnachtswünsche

Denken an das Kind im Stalle

Der Weihnachtsstress abfalle

Vermeide Hektik und Getue

Genieße das Fest und finde Ruhe

Von mir gibt es die besten Wünsche

Man sich nicht gegenseitig lynche

Keine Flüche, keine Hiebe

Ist es doch das Fest der Liebe

Zum Jahreswechsel

Wenn das Jahr zu Ende geht
Ein Neuanfang just bevorsteht
Ist die rechte Zeit gekommen
Wird sich etwas vorgenommen

Nicht mehr rauchen, trinken, ´ne Diät
Manches nicht so einfach geht
Ich wünsche euch fürs neue Jahr
Dass es besser wird als das was war

Karneval

Jedes Jahr ist Karneval
Traditionell fast überall
Corona droht mit Virusknarren
Zuhause bleiben viele Narren

Keine Sitzung, fast kein Umzug
Null Kamellen, Schnaps und Unfug
Traurig sind Kind, Mann und Frau
Nichts desto trotz – Alaaf, Helau

Ostern

Ostern steht für Auferstehung
Auf steht auch unsre Natur
Verwirrte Welt, es grünt der Rasen
Eier bringen jetzt die Hasen
Und die Hühner staunen nur

Viele bunte Eier essen
Dabei aber nicht vergessen
Jesus uns von Schuld befreite
Unser Leben lang begleite
Und wir bleiben in der Spur

Reformation

Im Jahre 1517 ist's gewesen

Luther formulierte 95 Thesen

Will Kirche reformieren

Protestanten positionieren

Klappte nicht ganz nach Luthers Idee

Reformen sind heute wichtiger denn je

wie Helloween entstand

Als Flugurlaub bezahlbar war
Flogen aus Amerika
Touristen zu unserem Kontinent
Weil Europa niemand kennt

Pilot erklärte, wo sie fliegen
Welche Städte unten liegen
Gleiten über Österreich hin
Die Amis riefen „Hello Wien!"

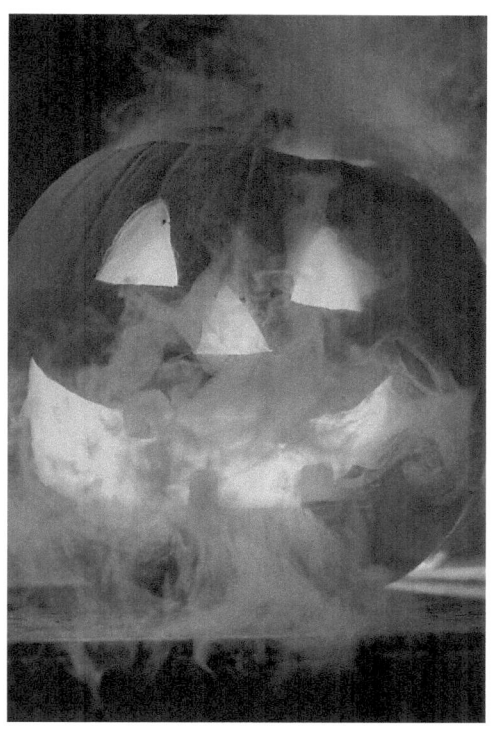

Geschenkt mal einfach so

Auf dem Büchlein steht „Für Dich"

Das schenke ich Dir einfach so

Lese es und denk an mich

Dann machts uns beide richtig froh

Therapezt

Einst erzählte mir ein Therapeut
Er treffe oft seltsame Leut´
Eine Klientin schrieb ihm flüchtig
Ihr Mann sei sexuell sehr süchtig

Will es ständig und überall treiben
Musste sich das von der Seele schreiben
Schön mit einem blauen Stift
Entschuldigen Sie die verwackelte Schrift

Trennung

Wenn du gehst, bin ich alleine
Kommst niemals zu mir zurück
Warst doch immer meine Kleine
Jetzt verlässt du mich- zum Glück

Jede Woche ließ mich hoffen
Dass du meine Wunden leckst
Verzweifelt habe ich gesoffen
Bleib doch wo der Pfeffer wächst

Beispielbilder
Illustriert von Rebecca Maurer

118 Seiten.   8,95 Euro
peter-staeb.de

156 Seiten.   9,95 Euro
peter-staeb.de

114 Seiten.   12,95 Euro
peter-staeb.de

Infos zu Büchern des
Autors unter

Peter-staeb.de

E N D E